LE

FESTIVAL DE PARIS

ET

L'ORPHÉON DUNKERQUOIS

Par Victor DERODE.

DUNKERQUE.

Typographie Benjamin Kien, rue Nationale, 22.

—

1859.

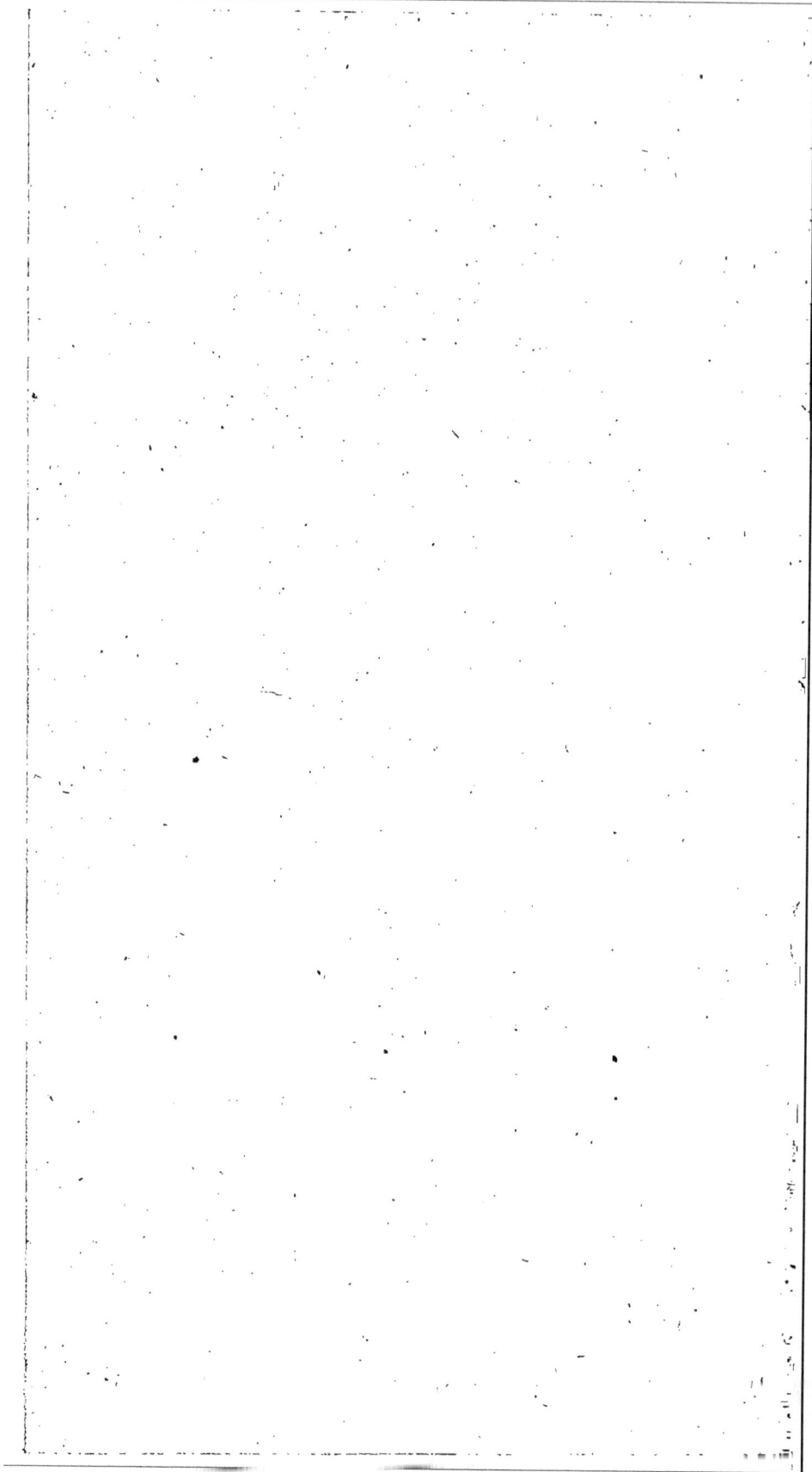

LE

FESTIVAL DE PARIS

ET

L'ORPHÉON DUNKERQUOIS

DUNKERQUE.

Typographie Benjamin KIEN, rue Nationale, 22.

—

1859.

A L'ORPHÉON DUNKERQUOIS.

Une grande manifestation musicale vient d'avoir lieu au Festival de Paris ; un succès très-encourageant a couronné votre première tentative.

Témoin des efforts et des sacrifices qui vous ont procuré la victoire, j'essaie de retracer, dans cette brochure, les principales circonstances de cette glorieuse campagne.

Accueillez avec cordialité cet hommage d'un concitoyen qui vous est dévoué.

Dunkerque, 23 mars 1859.

VICTOR DERODE.

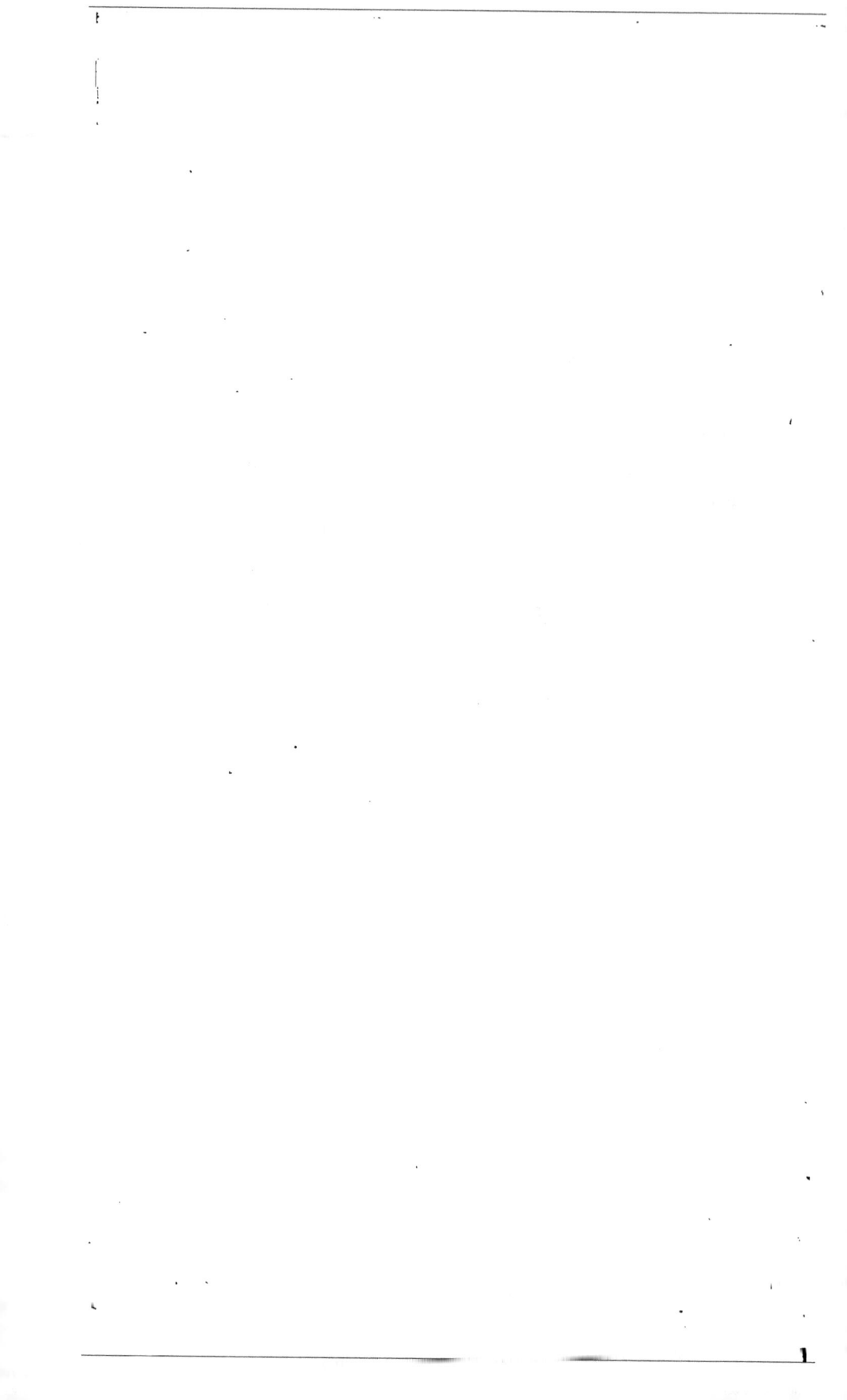

LE
FESTIVAL DE PARIS

ET

L'ORPHÉON DUNKERQUOIS

MARS 1859.

I

Généralement parlant, un *festival* est un *jour de fête et de réjouissance.*

Plus particulièrement, ce mot semble aujourd'hui réservé pour désigner les réunions musicales extraordinaires où se rassemblent un grand nombre d'exécutants soit symphonistes, soit chanteurs.

On se souvient des solennités qui eurent tant d'éclat à Lille et de celles que M. Berlioz organisa au Palais de l'Industrie, lors de la dernière Exposition universelle.

Cette fois, il était question de s'adresser aux chanteurs seulement, et de faire en France, à Paris, quelque chose d'analogue, mais de plus important que ce qui s'était déjà exécuté dans des pays voisins.

Si l'administration des Beaux-Arts, ou quelque autre qui, dans notre pays de bureaucratie, a ou peut avoir sous la main des agents nombreux, actifs, intelligents, tentait pareille entreprise, à coup sûr, elle aurait mille facilités pour l'organiser.

Mais si l'on suppose un particulier réduit à ses seules forces, un simple citoyen dont la tête et la bourse doivent originairement pourvoir à tout, on conçoit que la difficulté prend des proportions colossales et que peu de gens se sentent la résolution de tenter pareil effort.

C'est pourtant ce qu'a conçu, élaboré et mené à bonne fin M. Delaporte (1) qui a puisé dans la nature même de l'idée dont il s'est fait le propagateur, la force prodigieuse que suppose le succès.

Le festival de Paris est, en certains points, semblable à tous les festivals du monde ; mais, en d'autres points, il en diffère notablement. — Il leur ressemble (mais il les dépasse de beaucoup) par le grand nombre d'exécutants. — Il en diffère, parce qu'au lieu d'être un fait isolé, il inaugure un système et ouvre une perspective inat-

(1) M. Delaporte est le véritable apôtre de cette belle croisade en faveur du chant populaire. Ancien organiste de la cathédrale de Sens, il a renoncé à une position sûre et honorable pour se vouer à tous les hasards de son apostolat musical ; et ce n'est qu'à travers mille déceptions et en dévorant des peines de tout genre qu'il a réussi à conduire sa belle œuvre au point où elle est arrivée aujourd'hui.

tendue; avant le succès, on pouvait donc regarder une telle entreprise comme une grande témérité.

Et en effet, il ne s'agissait rien moins que de faire appel à toutes les sociétés chorales de France, — obtenir leur adhésion, — les réunir à Paris, les enrégimenter en quelque façon; leur donner une même direction, une impulsion commune.

Il fallait que dans une pareille manifestation tout fût digne de la France à qui on faisait appel; digne de l'art qu'on voulait honorer; digne du but élevé et moral auquel on voulait atteindre.

Il fallait donc faire, parmi les œuvres des maîtres, **un** choix convenable et, tout en honorant le passé, laisser au présent sa place dans ces grandes assises musicales.

Un levier puissant était mis à la disposition de l'inspiration moderne : il fallait lui faciliter le moyen de l'employer; il fallait lui prêter, pour parler au monde, cette grande voix sortant unique de ces milliers de poitrines.

Il fallait composer un jury au niveau de cette tâche. Il fallait trouver de la sympathie et du dévouement chez des hommes de bonne volonté qui comprissent l'œuvre et consentissent à s'y consacrer. Il fallait organiser non-seulement l'ensemble mais jusqu'au moindre point de détail; par exemple, imprimer et distribuer les partitions désignées et les parties séparées. — Indiquer sûrement et catégoriquement le mouvement, l'expression, la respiration. les nuances. — Sinon ces éléments divers exercés séparément n'auraient plus fait, lors de leur réunion au Palais de l'Industrie, qu'une Babel musicale.

Il fallait obtenir ce palais, le disposer, y rassembler les intéressés, les y exercer, les ranger, les fondre en **un** seul tout, sans cependant leur dénier leur personnalité, leur individualité, leur indépendance relative.

Sur toute terre ensemencée les chardons ou les mauvaises herbes apparaissent avant la bonne graine. Cela devait arriver ici et M. Delaporte en fit l'expérience. — Lui, simple particulier, nous aimons à le répéter, dut faire face aux avances pécuniaires, aux exigences d'une correspondance de plus en plus multipliée, faire des voyages, des démarches, neutraliser la malveillance des uns, réveiller la mollesse des autres, contenir le zèle irréfléchi, s'élever au-dessus des critiques sans portée, — se défendre des conseillers perfides ou des amis maladroits, — se tenir en garde contre la présomption de l'espérance ou les défaillances du découragement.

Voilà ce que dut faire M. Delaporte. — Eût-il succombé à la peine, qu'il mériterait la louange pour avoir osé assumer pareil travail.

Cependant ce simple particulier que ne précède ni célébrité, ni richesse, ni puissance, pourra-t-il accorder les intérêts, les vanités, les susceptibilités qui vont surgir, se frotter, se blesser dans cette mêlée, et se plaindre ensuite d'autant plus bruyamment que leur mal sera plus chimérique ou plus futile ?

M. Delaporte l'a tenté, — il a réussi !

Eh bien ! qui que vous soyez, vous devez au moins entrevoir quelle puissance il y a dans les convictions généreuses ! Quelle force vive réside dans l'amour des choses intellectuelles et artistiques ! Vous devez admirer cette glorieuse audace. — Vous ne sauriez du moins la condamner quand le succès est venu l'absoudre.

Voilà ce que je crie tout haut aux hommes enclins au positivisme.

Aux autres, voici ce que je leur dis à l'oreille :

A la vue de cette solennité n'avez-vous pas senti se remuer en vous quelque fibre ? Devant cette démonstration, n'avez-vous pas compris que la cupidité et le sensualisme n'ont pas tellement gagné l'humanité qu'il ne s'y trouve encore de ces précieux germes tout prêts à se développer quand l'heure marquée sonne à l'horloge de la Providence ?

Dans un siècle d'argent et de volupté, de tiédeur religieuse et d'atonie morale, que voyons-nous ? Une voix inconnue s'élève, elle parle au nom de l'art, et on l'écoute ! Une pensée commune surgit de tous les points du pays, et reçoit une adhésion unanime !

Hommes de travail et de loisir, ouvriers ou patrons, chefs ou subordonnés; jeunes ou vieux; riches ou pauvres; habitants du littoral ou des régions de l'intérieur ; au nord, au midi, au levant, au couchant ; six mille hommes s'émeuvent et répondent : Oui! nous venons!—Puis ils se préparent, se rapprochent, se confondent. Sans s'être jamais parlé, sans s'être même vus, ils fraternisent, ils chantent des hymnes pieux, ils célèbrent la paix et la concorde

S'agit-il donc de ces graves et solennelles circonstances où tout un peuple s'éveille au nom de l'honneur national, de la patrie en danger, ou de la défense du territoire ?

Non ! non ! c'est une inspiration aussi calme qu'elle est forte ; aussi douce qu'elle est pure et désintéressée ! Dussent nos financiers en lever les épaules, il ne s'agit là que d'une pensée d'art et vraiment pas d'autre chose !

Oh ! moi je vous le dis, c'est là un consolant progrès ! c'est un touchant spectacle ! Ne désespérons plus

de la société ! Ce sera lui faire injure aussi long-temps
que des faits analogues s'y produiront avec une pareille spontanéité,

Certaines personnes ne soupçonnent pas qu'il puisse
y avoir, à un travail quelconque, d'autre but que le
gain, d'autre rémunération que l'argent. Elles ont la
certitude qu'il en est tombé quelques pièces dans le
Palais de l'Industrie. — Et elles se scandalisent de ce que
M. Delaporte les ait ramassées ! Elles ne voient plus en
lui qu'un homme âpre au gain et qui a tout fait pour y
arriver. — Que répondre à ces personnes ? — Nous les
plaignons, mais nous n'avons pas le courage de faire
davantage !

Pour être juste, il faut dire que les sociétés
chorales de Paris formaient déjà un noyau primitif
autour duquel tout vint ensuite se grouper, et que leurs
directeurs furent pour M. Delaporte d'intelligents et
dévoués auxiliaires.

Parmi ces Messieurs, nous devons citer M. Gaubert,
le seul avec qui nous ayons eu des relations personnelles
et dont nous conservons un cordial souvenir; parmi
les écrivains, M. Vaudin, qui ne nous a jamais fait défaut et qui, dans le journal l'Orphéon, a mis bravement
au service de notre cause sa chaude conviction et sa
plume parfois un peu tapageuse ; et aussi M. Louis
Hervé (1), qui a si bien compris et exposé l'importance
des Orphéons au point de vue de la musique religieuse.

Il faut dire surtout que le chef de l'Etat, cette haute
intelligence dont le regard d'aigle sait mesurer

(1) Un des rédacteurs du *Moniteur des Villes et des
Campagnes.*

les hauteurs et les distances, l'Empereur n'a pas tardé à accorder à cette œuvre son patronage imposant. Dès lors, une foule de ces obstacles qui s'évanouissent toujours au soleil de la réussite se sont amoindris et annihilés.

La presse, qui s'était tenue dans une réserve qu'on pourrait appeler excessive, embouche maintenant ses trompettes et proclame le triomphe des Orphéonistes;

Mais nous réservons ces sortes de considérations pour la 3ᵉ partie de cette brochure.

De tout ce que nous exposons ici, faut-il conclure que dans la pensée et dans l'exécution du festival de Paris tout a été parfait? qu'aucun détail n'a fait défaut? que nulle amélioration ne puisse être proposée, lorsque, dans un avenir plus ou moins prochain, on renouvellera la réunion des Orphéonistes de France ?

Non assurément, et personne n'a de si déraisonnables prétentions.

Quant à nous, notre conviction est qu'il y a des amendements à introduire, et nous en proposerons, si l'occasion se présente; mais ce n'est pas ici le lieu de les formuler.

Nous avons montré quelle était, en ceci, la part de l'initiateur ; il faut voir quelle est celle des initiés, qui, bien que plus restreinte, a aussi son poids.

A la plupart de nous, incombent des travaux quotidiens où généralement aucune lacune n'est possible; à la plupart est imposée la loi d'une sévère économie; pour nous surtout *time is money.* Or, se réunir, étudier, répéter autant de fois que peut l'exiger l'inexpérience du moindre de nos camarades; trouver moyen de soustraire à des devoirs et à des nécessités impérieuses, non seulement les heures destinées au repos, mais encore six ou sept journées consécutives; remettre à huitaine des affaires, prélever une avance sur des économies que tant de causes viennent amoindrir journellement ; ce n'est pas chose aisée ni qui se décide *ex abrupto*.

Supposez bien et pacifiquement réglées toutes les questions qui, à cette occasion, ont dû se débattre entre chefs et subordonnés, entre plaisir et devoir — loisir et travail — sacrifice et nécessité, tout n'est pas encore terminé.

Le directeur de cette troupe de volontaires doit de son côté avoir de la résolution, de l'énergie non moins que de la patience et de l'habileté; il doit posséder un dévoûment qui ne recule devant rien, et (disons-le) un grand désintéressement ; car aucune récompense matérielle ne sera le prix de ses efforts, le succès satisfera son cœur sans garnir sa bourse ; l'insuccès au contraire l'abreuvera d'amertumes.

Heureusement on rencontre encore des hommes qui peuvent donner leur temps, leurs soins, leurs peines, leur âme, leur talent; M. Louis Manotte nous l'a prouvé.

Ces diverses considérations, fort longues peut-être pour le lecteur avide de savoir ce qui concerne le festival, nous ont paru indispensables pour établir la nature et la portée de ce que certaines personnes pourraient ne considérer que comme une simple séance de chansons, un concert *monstre* comme on s'est habitué à dire.

Ce devoir rempli, occupons-nous de l'historique de la cérémonie.

II.

Dès le mois de septembre 1858, quelques articles du journal l'*Orphéon* avaient éveillé l'attention de notre Société sur le projet d'un festival qui devait avoir lieu à Paris en mars 1859.

Après avoir délibéré à ce sujet, la section chorale adopta en principe l'idée de figurer à cette solennité, et fit connaître au comité d'organisation son adhésion à ce congrès musical, ou, comme on l'a mieux qualifié depuis, à ces *Etats-généraux* des Orphéons français.

Dès la réception des premières partitions, on se mit à l'étude.

M. L. Manotte fit bientôt remarquer que les mouvements n'étaient pas indiqués par un numéro du métronome, mais seulement en ces termes généraux que l'usage a consacrés, quoiqu'ils ne donnent rien de précis et même s'interprètent différemment selon les auteurs; — de plus, une grave omission avait eu lieu : nulle part la respiration n'était marquée. — Il en était de même pour les nuances et l'expression.

Ces lacunes furent signalées au comité de Paris qui dès ce moment prit des mesures, et toutes les pièces imprimées depuis lors, ne laissèrent plus rien à désirer sous ces divers rapports.

Lorsque M. Delaporte vint à Dunkerque, l'Orphéon chanta *à vue* un morceau qui lui fut présenté.

Cette épreuve décisive montra au maëstro que les études musicales de l'Orphéon étaient sérieuses et bien dirigées. Il encouragea la société à persévérer dans cette voie.

Quelque temps après, nous reçûmes la visite de M. Gaubert, directeur de la société *les Enfants de Lutèce*. Après audition, il encouragea l'Orphéon comme l'avait fait M. Delaporte.

En cette occasion, le comité dunkerquis décerna à M. l'inspecteur le titre de membre correspondant, distinction qui fut acceptée avec empressement.

De front avec le festival, M. Delaporte voulait faire marcher la *fondation d'une caisse de secours mutuels*, vaste association qui aurait embrassé tous les Orphéons de France.

Cette idée est belle, grandiose et digne de sympathie; mais l'exécution est d'une complication extrême. D'ailleurs, les intérêts pécuniaires qui s'y trouvent essentiellement mêlés exigent des spécialités qu'on trouve rarement chez les artistes. — D'un côté, ces problèmes financiers nécessitent des précautions infinies, et sous peine d'y rencontrer promptement de graves embarras, on ne peut les résoudre en courant ; d'un autre côté, l'époque du festival leur laissait peu de chance d'être discutés comme ils doivent l'être.

L'Orphéon dunkerquois signala d'ailleurs, au comité, tout ce que l'avant-projet offrait de lacunes et même de dangers ; il exposa la manière dont il lui semblait que la chose doit être conduite.

Ces observations dont la solidité fut comprise, et peut-être aussi le peu de durée du festival, la multiplicité des objets dont il fallait s'occuper, et bien d'autres causes encore, absorbèrent le temps et l'attention; la discussion de la caisse de secours mutuels fut ajournée. C'est une décision sage et prudente dont il faut se féliciter.

Cependant l'époque fixée approchait, et la presse

gardait sur le festival une réserve qui semblait au moins singulière. — En dehors du journal l'*Orphéon*, c'est à peine si quelques lignes timides et rares étaient tracées sur un évènement si important et si prochain.

Ce silence, qu'on ne s'expliquait pas, semblait fort regrettable. A certain point de vue, il eut pourtant un avantage. Il prouve évidemment que la camaraderie n'entre pour rien dans les suffrages et les éloges qui retentissent aujourd'hui de toute part. Il démontre qu'entre M. Delaporte et les écrivains qui, depuis, se sont occupés du festival, il n'y avait ni coalition ni compérage.

Une autre pierre d'achoppement, c'est ce qui advint dans le Nord, par suite du refus que fit l'administration de la voie ferrée, de faire la réduction consentie par les autres lignes.

Dans sa correspondance, M. Delaporte parlait souvent de ses instances auprès des divers comités et de l'espoir qu'il conservait de voir le chemin de fer du Nord se montrer aussi généreux que les autres, qui concédaient les 3[4 du prix des places.

Cette incertitude régnait encore le lundi 15 mars, lorsqu'une dépêche annonça comme définitivement obtenues les concessions demandées.

Fort de cette assurance, chacun faisait ses derniers préparatifs, et songeait à se mettre en route, lorsqu'on apprend qu'il y a erreur dans le renseignement transmis et que le chemin de fer du Nord ne réduit que de moitié.

C'était un grave mécompte; néanmoins, à Dunkerque, il ne fit reculer personne. On s'arrange, on part.

Les explications données par M. Delaporte ont montré que, par une méprise regrettable sans doute, mais inaperçue alors, on avait mal exécuté les ordres donnés, méprise facile à expliquer au milieu des embarras de ces laborieuses journées.

Ces renseignements contradictoires semblaient constituer une sorte de guet à pens. Quelques sociétés protestèrent.

Nous concevons un mécontentement que nous avons partagé ; mais il est facile aussi de comprendre qu'il n'y a, en ceci, aucune menée déloyale ; c'est un fait regrettable, mais voilà tout. Il n'était pas d'ailleurs sans gravité puisque, d'un côté, il privait le festival de nombreux et habiles auxiliaires, et de l'autre, qu'il enlevait à plusieurs une satisfaction qu'ils s'étaient promise et à laquelle ils avaient droit.

Sans nous arrêter davantage à ces détails, qui ont perdu leur importance, disons que le mercredi 16 mars, les trois convois du jour emportèrent de Dunkerque à Paris ceux de nos Orphéonistes qui devaient prendre part à la cérémonie musicale.

Le jeudi 17 mars.

Le lendemain, la réunion s'était faite et la petite troupe était au grand complet.

Groupés dans la capitale, les Dunkerquois préludèrent à leurs exercices musicaux par une récréation commune; — une promenade au bois de Boulogne, promenade favorisée par un temps à souhait ; une visite au Pré Catelan, à l'Eldorado du boulevard de Sébastopol, au café Parisien, etc., occupèrent leur journée, en attendant la répétition annoncée pour le soir.

À huit heures, tous les corps de chanteurs s'étaient réunis aux alentours du Palais de l'Industrie.

C'était l'heure convenue, mais au-dedans de ce vaste édifice, tout était muet et obscur ; de plus, les portes en étaient hermétiquement closes.

Après deux heures d'attente, passées à la belle étoile et au souffle glacé de la bise , — quelques lueurs se font voir à l'intérieur; la musique du 1er cuirassiers de la garde est introduite ; bientôt après, la foule grelottante est admise à son tour.

On entre à tâtons dans une sorte de forêt où se croisent les poutres et les étais de l'estrade destinée aux chanteurs. On se heurte aux cloisons des stalles qui ont servi à la dernière exposition agricole ; on se presse, on se coudoie, on escalade à grand'peine un escalier étroit, obscur, qui aboutit à une série de gradins, où l'on se place tant bien que mal. Quelques lampes fumeuses et en nombre insuffisant répandent une lueur douteuse. Pâle et maussade, la lune écartant les nuages, jetait, de temps en temps, à travers le dôme vitré, quelques rayons languissants qui avaient surtout pour effet de faire remarquer l'obscurité qui régnait de toute part.

Épuisé par les travaux de détail, la voix enrouée et presqu'éteinte, M. Delaporte s'agite sur son siége, inaperçu de la grande majorité des assistants : le porte-voix d'un de nos capitaines lui eût été bien utile en ce moment.

La répétition commence et se poursuit; dirigée par M. Thibaud, la musique des cuirassiers accompagne de sa fanfare le *septuor des Huguenots* et le morceau de Lacombe, *Cimbres et Teutons.*

Vers minuit, on sort comme on était entré, à tâtons ;

les uns excédés de la fatigue d'une route qui, pour eux, dure depuis deux et trois jours ; les autres, pénétrés du froid qui les a saisis dans leur longue attente au dehors du palais, froid qui compromet leur larynx ; presque tous sous une impression de vif mécontentement.

C'est probablement à quelque chose d'analogue à ce que nous venons d'énoncer que se rattache la plainte formulée par une société de notre département, qui blâme les *Parisiens* de leur peu de courtoisie.

S'il en est comme nous le supposons, le reproche reviendrait non *aux Parisiens* qui n'y peuvent rien, mais bien à ceux des commissaires chargés de cette portion du service.

Pour ce qui nous concerne, et sans préjudice à ce que nous venons de narrer, nous devons déclarer que nous n'avons eu qu'à nous louer des procédés de MM. les organisateurs (1).

Le vendredi 18 mars.

Le lendemain, tout était changé, la nuit avait apporté *conseil*, et le repos, belle humeur. Le jour s'était levé au ciel et la joie sur tous les fronts; lorsqu'à neuf heures on se rendit de nouveau au Palais de l'Industrie, la

(1) L'Orphéon dunkerquois a été l'objet des attentions les plus satisfaisantes; ainsi, M. Delaporte a désigné M. L. Manotte, conjointement avec quelques autres directeurs de sociétés, pour diriger les ténors ; ainsi M. Lacombe est venu féliciter notre directeur de la manière dont son œuvre *Cimbres et Teutons* avait été étudiée et comprise à Dunkerque ; ainsi M. Gevaert, parlant de l'Orphéon, disait : « Je reconnais mes flamands, ils chantent juste ceux-là » !

vaste nef centrale, inondée de lumière, apparaissait aux regards dans toute son étendue et sa magnificence.

Cette fois, l'œil pouvait explorer le local, et chacun circuler, se reconnaître, se placer à son gré.

Une estrade immense, composée de (57) gradins et traversant toute la largeur de la nef, s'élève à l'extrémité ouest, et du sol monte au niveau des galeries.

Du pied de cette estrade, en allant vers l'est, sont les banquettes pour le parterre assis. Plus loin encore, et à la limite extrême, est l'emplacement du parterre debout.

Autour de la balustrade de la galerie qui touche à cette immense estrade destinée aux Orphéonistes, les bannières des sociétés sont rangées et étalent leur soie ou leur velours de toute nuance; des broderies d'or et d'argent étincellent au soleil.

Les douze travées attenantes à droite et à gauche sont ornées de draperies ; à la droite des auditeurs, sont les trois arcades réservées à l'Empereur et aux personnes de la cour ; la loge impériale est tendue d'amples draperies en velours vert ornées et relevées de franges et de torsades d'or. Les deux loges latérales sont agencées de même, mais les tentures sont en velours cramoisi.

Un orgue de grande dimension domine l'estrade, tenu par M. Baptiste, professeur au Conservatoire impérial et organiste de l'église St-Eustache. Il doit accompagner quelques morceaux (1) et donner le ton aux autres. Quelques contrebasses, placées à droite et à gauche de l'amphithéâtre, soutenaient les voix.

(1) Les morceaux qui ont été accompagnés par l'orgue sont : 1° Le *Veni Creator* de Bezozzi ; 2° les *Mystères d'Isis* de Mozart ; 3° le *Psaume XIX* de Marcello et le *Jour du Seigneur* de Kreutzer.

Une sorte de tourelle placée à la limite inférieure des gradins est le siége où doit se tenir M. Delaporte, pour dominer l'orchestre et le diriger.

Cette salle immense, la plus vaste peut-être qui ait jamais existé, est à la fois sonore et sans écho. En quelque lieu qu'on soit placé, on entend la voix sans altération ni répercussion.

Toutefois, et comme le dit M. G. Hecquet, de même que pour la peinture il y a un point de vue, pour la musique il y a un point d'audition. Tous ceux qui sont placés en-deçà perdent les plus beaux effets qui passent au-dessus de leur tête et vont rouler plus loin leurs ondes sonores.

Les meilleures places n'étaient donc pas les plus voisines de l'estrade. Les sons partis des points extrêmes du groupe des chanteurs n'avaient pu se confondre avant d'arriver à l'oreille des personnes trop rapprochées.

N'oublions pas, dans cette exploration topographique, le buffet qui, dans les nefs latérales, tenait gratuitement à la disposition des Orphéonistes des comestibles et de la boisson.

La répétition se fait et se termine à la satisfaction commune et l'on se hâte de se préparer pour la séance solennelle de l'après-midi.

Annoncé pour 2 heures, le concert ne peut commencer qu'à 3 heures. Cela s'explique, cela s'excuse.

De tous les points de Paris se dirigent vers les Champs-Elysées un nombre incalculable de voitures et de piétons. Une *queue* gigantesque, et telle qu'on n'en vit jamais, se constitue large, compacte, et s'étend du Palais de l'Industrie jusqu'aux abords de la place de la Concorde. On s'en fera une idée en sachant que, d'après M. Vaudin, quarante mille personnes admises, d'après d'autres journalistes, cinquante mille (1), en laissèrent encore vingt mille au dehors ; vingt mille qu'il fallut congédier faute d'espace !

Et nous ajoutons, que cette foule, désireuse d'assister au premier concert, se montra plus nombreuse encore lorsqu'il fut question du second.

Les portes s'ouvrent ; on entre avec empressement, mais avec ordre. La vaste enceinte se remplit, elle est occupée dans toute son étendue.

Du haut de l'estrade, et à l'aide de binocles (indispensables pour observer à si grande distance), nous contemplons le curieux spectacle de cette mer houleuse, de cet océan de têtes humaines, où les chapeaux des dames interrompaient seuls l'uniformité de la surface. C'était vraiment un splendide tableau !

Les galeries faisant face à la loge impériale, et que leurs prix élevés ne laissent qu'à un petit nombre de privilégiés de la fortune, se garnissent également, surtout lorsqu'au deuxième concert l'Empereur nous honora de sa visite.

L'estrade offrait d'ailleurs à la curiosité de l'asssemblée un coup d'œil non moins piquant : à côté des bérêts blancs, rouges ou bleus des basques, on voyait scintiller l'uniforme des collégiens (2) ; le costume sévère de quelques prêtres et frères de la Doctrine chrétienne, faisant partie de Sociétés chorales, contrastait avec la tenue recherchée de quelques groupes.

On conçoit d'ailleurs facilement la diversité qui peut

(1) L'*Illustration,* page 195.
(2) École normale de Beauvais (Oise).

résulter du rapprochement d'hommes venus de plus de 40 départements des diverses régions de la France ; d'hommes de tout âge et de toute condition.

Le chef annonce l'ouverture ; les gradins s'émeuvent et s'organisent. Ici se rangent les premiers ténors, au nombre de 12 à 1,500 ; outre l'insigne propre à la compagnie à laquelle il appartient, chacun d'eux porte l'insigne de son emploi : ruban fond blanc sur lequel se dessine en bleu l'écusson de la ville de Paris et cette légende : 1re *réunion des Orphéonistes de France*. Là les seconds ténors, en pareil nombre, avec un ruban bleu portant une inscription semblable en lettres blanches ; à droite, les 1,500 barytons, avec insigne orange ; à gauche, les 1,500 basses, avec insigne rouge (1).

En avant, les 22 Sociétés chorales de Paris et de la banlieue.

Cette innombrable phalange est enfin rangée.

Assurément, jamais pareil orchestre ne s'est trouvé en présence de tel auditoire.

Le programme est fidèlement suivi : il comprenait 12 chœurs.

Le 1er, *Salut aux Chanteurs*, est exécuté par les Sociétés parisiennes qui donnent la bienvenue à leurs sœurs des départements.

Puis vient le *Veni Creator* de Bezozzi, musique religieuse, grave, à laquelle succédèrent en leur ordre les œuvres désignées, savoir :

Le *Départ des Chasseurs* (Mendelssohn). — *Chœur des prêtres des Mystères d'Isis* (Mozart).— *Le Jour du Seigneur* (Kreutzer). — *Le septuor des Huguenots*

(1) Quelques variantes ont été adoptées pour distinguer les parties du *Septuor des Huguenots*.

(Meyerbeer). — *Fragment du* 19ᵉ *psaume* (Marcello).—
La Marche des Orphéons (Mlle S.-N. Nicolo). — *Cimbres et Teutons* (L. Lacombe). — *La Retraite* (Laurent
de Rillé). — *Les Génies de la Terre* (Samuel David).—
Le Chant des Montagnards (Kucken).

A chaque nouveau morceau, un silence complet
s'établit dans cette innombrable assemblée ; une attention intelligente accueille les chants ; des bravos uni-
versels et franchement sympathiques les suivent.

Deux morceaux sont particulièrement acclamés et
bissés : le *Septuor des Huguenots* (1) de Meyerbeer, et
la *Retraite* de Laurent de Rillé ; productions d'un caractère opposé : l'une, savante, sévère ; l'autre, légère,
facile, imitative, et destinée à devenir populaire.

Peut-être le chœur les *Génies de la Terre* a-t-il eu à
souffrir de l'absence de quelques Sociétés chargées de
nous faire entendre les *Voix d'en Haut*.

Hors de là, on peut dire que cet énorme volume de
voix fondues et harmoniées prête au chant un caractère
impossible à décrire, et dont l'audition seule peut donner une idée.

Un journal anglais (2), rendant compte de cette
séance, dit en substance : L'exécution a été admirable
en tout point. Cet ensemble de sons s'élevant et s'abais-
sant au signal du chef d'orchestre, semblait le murmure
d'une vaste mer obéissant à la baguette d'un magicien.

Des bravos unanimes saluent les chanteurs, et sous
l'impression de ces émotions grandioses, la foule se re-
tire et se répand dans Paris, y reportant des témoigna-

(1) Ce morceau avait été baissé d'un demi-ton.
(2) *The Illustrated London News*, page 298.

ges de satisfaction et d'encouragement qui se répètent, se croisent et sont recueillis par ces modernes trouvères qui reçoivent ainsi leur première récompense.

Le samedi 19 mars.

Des 160 sociétés venues à Paris, 75 environ s'étaient fait inscrire pour le concours.

Plusieurs catégories devaient les distinguer.

Dans la section supérieure, les compagnies de la capitale ou celles qui dans la France avaient obtenu d'éclatants succès.

Deux grandes divisions comprenant, l'une, les sociétés ayant déjà concouru; — l'autre, celles qui subissaient pour la première fois cette épreuve.

Dans ces deux branches, on distinguait, pour les rapprocher selon leur nature, — les chefs-lieux de département, — les chefs lieux d'arrondissement, — Dunkerque devait être de cette classe, — puis enfin les chefs-lieux de canton.

Chacune devait exécuter deux morceaux : l'un imposé par le comité, l'autre facultatif.

A cette fin, trois locaux avaient été désignés : pour les premières divisions, le théâtre de la Porte St-Martin ;— pour la seconde, le théâtre de la Gaîté ; — pour la troisième, la salle Barthélemy, proche du Château-d'Eau.

Trois jurys, choisis parmi les sommités musicales (1), sont désignés et se rendent à leur poste. A 2 heures commence cette lutte harmonieuse et pacifique.

(1) Le jury de la salle Barthélemy se composait de MM. Niédermeyer, président; Deffès, Elwart, Laurent de Rillé, Gevaert, membres.

N'ayant assisté qu'à un seul concours, celui où se trouvait l'Orphéon Dunkerquois, nous ne pourrons parler que de celui-là.

La salle Barthélemy est parfaitement appropriée à la destination qu'on lui avait donnée. Deux rangs de loges, — un hémicycle, — un théâtre plus élevé pour le jury, y offraient les dispositions convenables.

Une trentaine de sociétés (en y comprenant celles qui se firent inscrire séance tenante) s'y réunirent.

La division où se trouvaient les Dunkerquois comprenait 12 concurrents; mais, par l'effet de quelque nouvelle mesure, au lieu de chefs-lieux d'arrondissement, Dunkerque avait parmi ses rivales six chefs-lieux de département.

La circonstance était épineuse.

Une association qui date de deux ans à peine, se mesurer avec des sociétés qui comptaient 6, 8 et 10 années d'existence! Un groupe réduit à un effectif de 20 chanteurs (1), lutter avec des ensembles qui en opposaient 50, 60 et davantage!

Et quel est le théâtre où va s'aventurer la plus jeune et la moins nombreuse de toutes ces réunions?

C'est la capitale! c'est Paris!

(1) Voici leurs noms : MM. Léon Derode, Jules Tillier, Victor Lest, Charles Torris, Jean Dero, Auguste Everhaert, Henry Harwar, 1ers ténors.—Gustave Honschoëte, Auguste Deworst, Louis Ruant, Joseph Honschoëte, Maximilien Thelu, 2es ténors. — Louis Atteleyn, Théophile Manotte, Gustave Van Rycke, Numa Van Rycke, Charles Vandenbrouck, barytons.— Auguste Vantroeyen, Charles Rigault, Louis Taverne de St-Antoine, basses; sous la direction de M. Louis Manotte.

Encore une fois, n'était-ce pas une témérité que de faire là ses premières armes, et avec des rivales d'une classe supérieure !

Il est vrai que la musique communale de Dunkerque a obtenu autrefois de brillants succès; mais elle ne s'aventurait pas dans les luttes artistiques de la grande ville !

Courir la chance d'un échec, cela avait sa gravité ; c'était une lourde responsabilité que d'exposer ainsi le nom que l'on mettait en évidence ! L'insuccès pouvait être regardé comme très-possible, puisque des sociétés venues au festival, 12 seulement emportent les premières palmes de la victoire, et que plus de 120 d'entr'elles n'auront de la solennité d'autre témoignage que les insignes qui ont été délivrés à toutes les compagnies inscrites (1).

(1). Sociétés inscrites, 160, dont 22 de Paris et 138 des départements.

41 départements ont fourni des députations au festival de Paris, savoir :

17 départements ont fourni chacun	1 société	17
7	—	2 »	14
5	—	3 »	15
3	—	4 »	12
3	—	5 »	15
1	—	6 »	6
1	—	8 »	8
1	—	9 »	9
3	—	10 »	30
1	—	12 »	12
1	—	22 »	22
			160

Il y a eu 12 premiers prix ; — 10 seconds ; — neuf autres et cinq mentions honorables.

C'est à dire que des sociétés inscrites, 1|5 a obtenu une distinction, — et 4|5 n'en ont pas eu.

La confiance l'emporte, et l'Orphéon Dunkerquois se prépare à la lutte.

Ce ne fut pas sans anxiété que nos camarades entendirent les divers corps inscrits avant eux, car le sort les avait réservés pour chanter les derniers. Ce ne fut pas sans émotion qu'ils répondirent à l'appel du commissaire, lorsqu'il prononça à haute voix : *L'Orphéon de Dunkerque.*

Ils arrivent dans l'hémicycle, se rangent autour de M. Manotte, ému autant et plus peut-être que chacun d'eux.

Un regard indiquant plus de surprise que de bienveillance inspecte la petite troupe ; un sourire de doute les accueille ; — nous crûmes même entendre quelques rires moqueurs.

Ils commencent par les *Génies de la Terre*, morceau imposé ; un silence profond s'établit. Deux passages assez difficiles, et que la plupart des concurrents avaient estropiés, sont rendus avec une exactitude scrupuleuse. Une attention où se mêle la bienveillance apparaît sur toutes les figures ; des nuances fugitives, mais qui n'échappent pas à des yeux attentifs qui les saisissent au passage à travers l'impassibilité des juges, sont observées, en même temps que des *bien !* des *bravo !* prononcés à demi-voix par le jury, sont recueillis par des oreilles avides qui se tiennent aux aguets.

Vient le chœur facultatif : c'était le *Chant des Moissonneurs*, de Lecorbeiller. Il est enlevé avec un entrain, une justesse, une sûreté remarquables. Des applaudissements dont il n'est pas possible de soupçonner la sincérité s'élèvent des diverses parties de la salle, et c'est au milieu des bravos sympathiques de l'assistance que nos camarades regagnent leur place.

Cependant, quelque favorables que fussent ces augures, le directeur et le président de la section chorale se rendent auprès du jury, et lui exposent que Dunkerque, chef-lieu d'arrondissement, se trouve par le fait en concurrence avec six chefs-lieux de département.

« Votre remarque est très-fondée, leur répond le président du jury ; vous avez le droit de réclamer sur ce point... Toutefois, si vous voulez m'en croire, restez où vous êtes. »

Cette parole semblait donner un espoir précieux : on n'insiste pas davantage, déclarant s'en remettre à l'équitable appréciation du jury.

Il nous serait difficile de donner le récit de ce qui se passa ensuite ; notre attention absorbée se tournait vers un seul objet qui excluait tous les autres.

Une indiscrétion tout à fait officieuse nous fit savoir que Dunkerque était au 4e rang, c'est à dire qu'ayant devant nous un chef-lieu de département, nous en avons cinq à notre suite ; — c'est à dire que Dunkerque, concourant dans une section supérieure à la sienne, y avait obtenu un prix.

Ce résultat était de nature à satisfaire notre ambition ; nous l'acceptâmes avec plaisir. Une dépêche télégraphique transmit cette bonne nouvelle à des amis qui la répandirent dans Dunkerque où elle fit sur chacun l'effet qu'il était facile de prévoir (1).

(1). Voici d'ailleurs la liste officielle et complète des sociétés concurrentes, telle qu'elle est publiée dans le journal l'*Orphéon :*

Le dimanche 26 mars.

Un Dunkerquois qui habite Paris, où il s'est fait une fortune aussi belle qu'honorable, M. Adolphe P....., voulut fêter le succès de l'Orphéon. On avait fait chez lui la répétition qui précéda le concours, il regardait comme un droit de célébrer aussi chez lui l'avantage obtenu. Il invita donc tout l'Orphéon à s'y rendre.

Tout l'Orphéon s'y rendit.

Un déjeûner fourni par Chevet nous attendait ; d'excellents vins en formaient le complément. Ce festin fut animé par la gaîté la plus franche et l'expansion la plus cordiale.

Au dessert, les refrains du pays, chantés en chœur, électrisèrent l'assistance ; car la puissance que le *Ranz* de la Suisse a sur les fils de l'Helvétie, le *Carillon* et le chant du *Reuse* l'ont aussi sur les enfants de Dunkerque.

Au sortir de cette maison amie, dont la maîtresse avait fait les honneurs avec une grâce et une distinction

			Membres.
1er prix.	La Réole (Gironde)................		49
2e »	Metz (Moselle, chef-lieu)........... ..		67
5o »	Béziers (Hérault)....................		45
4e »	Dunkerque (Nord)...................		20
5e *Ex œquo.*	Angoulême (Charente, chef-lieu)....		48
»	Dieppe (Seine-Inférieure).........		57
6 Ment. honorable.	Tours (Indre et Loire, chef-lieu.		52

Puis viennent Lyon (Rhône, chef-lieu), 36 membres, société inscrite, mais ne s'étant pas présentée au concours ; Beauvais (Oise, chef-lieu), 53 membres ; Cognac (Charente), 42 membres ; Montreuil sur Seine, 60 membres ; Le Puy en Velay (Haute-Loire, chef-lieu), 35 membres.

charmantes, plusieurs convives se présentèrent (et se firent inscrire) comme candidats à l'Orphéon Dunkerquois

On se prépara alors à la seconde solennité musicale du Palais de l'Industrie.

Rien n'était changé, ni aux dispositions du local, ni à la composition du programme que nous avons déjà fait connaître en rendant compte de la séance du vendredi. Cependant, l'effet obtenu fut bien plus satisfaisant. — La sonorité était sensiblement plus grande, soit que le beau temps eût chassé l'humidité de l'air, soit que l'oreille fût en de meilleures conditions de percevoir.

La foule était plus compacte ; et ce second concert fut plus brillant que le premier.

Et en effet, on savait que l'Empereur devait assister à la séance.

L'exécution se fit comme elle était indiquée ; mais vers cinq heures, à l'arrivée du cortége impérial, elle fut un instant suspendue.

Après avoir passé la revue au Champ de Mars, où il avait promu le Prince Impérial au grade de sergent, Napoléon III honora de sa visite les Orphéonistes. — L'Impératrice, la princesse Mathilde, le prince Napoléon et sa jeune épouse, ainsi qu'un certain nombre de personnes de la cour, accompagnaient le chef de l'Etat.

Les commissaires de l'association chorale reçurent LL. MM. II. et les remercièrent de leur bienveillance pour les Orphéonistes.

Toute l'assistance se tenait debout. Dès que l'élu du peuple entra dans sa loge, un cri immense le salua de ce vœu éminemment français: *Vive l'Empereur!* qui fut bientôt suivi de *Vive l'Impératrice! Vive le Prince Impérial!*

L'armée orphéonique entonna alors à l'unisson le *Domine salvum fac*; et toute la salle se joignit à eux, pour ne faire qu'une seule voix !

Les acclamations recommencèrent ; les dames agitaient leurs mouchoirs; les hommes leurs chapeaux... Le cœur le plus froid n'aurait pu se défendre de l'émotion commune. Il y a dans les foules je ne sais quel magnétisme dont on a pu constater les grands effets sans en analyser la nature.

L'Empereur, visiblement touché, s'inclina à plusieurs reprises ainsi que sa noble et gracieuse compagne.

Ce transport, un moment calmé, on revint à l'ordre du jour, c'est à dire au programme.

Interprété par 6,000 voix, le *Septuor des Huguenots* produisit un effet immense. On conçoit, en effet, le degré de puissance que doit atteindre le *tutti* de ce formidable chœur. Auprès de ces masses vocales, les quatre-vingts choristes de l'Opéra ne produiraient guère plus d'effet que le murmure d'un ruisseau comparé au grand concert de l'Océan déchaîné.

Le magnifique morceau avait été bissé vendredi, il fut redemandé le dimanche.

La *Retraite*, de M. Laurent de Rillé, eut le même honneur.

Se tournant vers la loge impériale, M. Delaporte demanda, du regard, l'autorisation de bisser ce dernier morceau. — S. M. ayant donné son assentiment, on exécuta pour la *quatrième fois*, dans ce festival, cette pièce dont la popularité est désormais incontestable.

Les approbations ne manquèrent pas plus cette fois que les fois précédentes. L'Empereur lui-même donnait le signal ; et de ses mains mignonnes et élégamment gantées, l'Impératrice prêchait d'exemple en applaudissant de tout son cœur.

C'était vraiment merveilleux que ce qui se passait-là Dans ces œuvres dont plusieurs offraient des difficultés sérieuses, pas une fausse mesure, pas une intonation douteuse. Une si nombreuse phalange s'animait d'une même vie, ne formait qu'un seul être avec l'homme qui la dirigeait... Et devant elle, une masse énorme d'auditeurs subissaient une même influence, écoutant dans un silence si complet, si religieux, que ce semble presque aussi remarquable que l'exécution même de ce magnifique concert !

Cet ensemble colossal et sublime opère un effet profond que nous avons éprouvé nous-mêmes en entendant le *Dies iræ* de Berlioz, et qui semble au-dessus de toute description. Voici comment un témoin auriculaire (1) rend compte de son impression à cette séance :

« Ceux qui étaient dans les galeries, le plus loin possible des chanteurs, entendaient magnifiquement et se trouvaient en même temps expérimentateurs d'un phénomène extraordinaire.

« Ces 6,000 jeunesses, suspendues pantelantes au geste de M. Delaporte, et exhalant leur âme avec leur chant, répandaient dans l'espace des torrents de fluide dont les assistants d'en haut étaient enveloppés. Je n'ai pas à décrire cette action mystérieuse et terrible, les mots me manqueraient et le pouvoir aussi. Je n'ai jamais connu d'émotion ayant cette douceur funeste! On se trouvait comme soulevé, comme emporté hors de soi ; on avait l'œil fixe, noyé, sans ressort, le froid dans les

(1) M. Aug^te Luchet (*Siècle*).

épaules, les membres dénoués, les muscles abattus ; on pleurait, on frissonnait ; on eût cru qu'on allait s'évanouir et mourir ; et pourtant on sentait et on vivait immensément ; le cœur battait à se rompre ; la flamme vous courait aux tempes et sur le front. On nageait véritablement dans une mer d'électricité ; le chant était devenu tonnerre, et, comme lui, vous agitait, vous secouait, vous brisait ; c'était à s'écrier d'épouvante et de bonheur : voilà une des puissances de l'agglomération chorale ; plusieurs vous diront qu'ils en ont été malades, le soir ou le lendemain, et personne n'a regretté sa souffrance. »

L'Empereur manda M. Delaporte. Admis devant Leurs Majestés, le maëstro leur dit :

« Sire, Madame,

» Au nom des Orphéons de France, je viens exprimer à V. M. notre reconnaissance pour le patronage que vous daignez accorder à notre festival.

» Sire,

» L'Orphéon est une force nouvelle qui se lève en France. Nous sommes là six mille délégués des sociéciétés chorales de l'Empire, tous dévoués à Votre Majesté !

» — Monsieur, répondit l'Empereur, toute la France a-t-elle ses représentants dans votre corps musical ?

» — Sire, il s'en trouve de toute région. Ils sont accourus des quatre points cardinaux ! De Metz à Cherbourg ; de Marseille à Dunkerque.

» — Dites-leur que je les remercie et que je les félicite ! »

M. Delaporte resta environ dix minutes dans la loge de Sa Majesté.

Lorsqu'il se fut replacé à son pupitre, il dit aux exécutants :

« Mes amis, S. M. a daigné me charger de vous féliciter pour la belle exécution du morceau qu'elle vient d'entendre, et de vous annoncer qu'elle vous offre pour mardi soir une représentation à l'Opéra, et qu'elle vous autorise à donner un 3ᵉ concert au bénéfice des pauvres. »

Des acclamations interrompirent l'orateur.

« Maintenant, mes chers amis, avec le patronage de Sa Majesté, n'est-ce pas que l'Orphéon arrivera à faire de grandes choses ?

» — Oui ! oui ! Vive l'Empereur ! (1) Vive Delaporte ! (2) »

Tel fut le remerciement des Orphéonistes.

LL. MM. entendirent encore le chœur de M. Louis Lacombe, *Cri de guerre des Cimbres et des Teutons.* — Quoique très-difficile d'intonation, ce morceau a été parfaitement détaillé et *enlevé* dans la dernière partie ; c'était à faire frissonner quand cette multitude lançait ce cri : (3)

« Dieux éternels, aiguisez notre glaive;
» Qu'il en jaillisse des éclairs !...
» Vengeance !!! Hurrah !!! »

A sa sortie, l'Empereur fut salué des mêmes acclamations qui avaient salué son entrée. Il répéta cette parole :

(1) Voir le *Messager* de Paris, 24 mars 1859.
(2) On assure que le ministre a jugé M. Delaporte digne d'une récompense nationale (*Courrier de Lyon*). C'est le vœu de ses amis.
(3) *Phare de la Loire.*

« — Vous m'avez beaucoup intéressé, Messieurs ; je vous remercie. »

La musique des cuirassiers de la garde exécuta l'air : *Partant pour la Syrie*, qui fut accompagné de toutes les voix des Orphéons, au milieu d'un indescriptible mouvement d'enthousiasme.

Au dehors du palais, l'animation et la foule n'étaient pas moindres. Jamais peut-être on ne vit pareille presse. Pour retourner au palais, le cortége dut passer par le Cours-la-Reine, le quai devant le pont de la Concorde, et la grille du pont Tournant, pour remonter le jardin des Tuileries. Là, le poitrail des chevaux touchait la foule, tant cette foule était compacte. Tout le monde a pu constater que l'Empereur a eu, ce jour-là, un véritable triomphe, et nous ne croyons pas qu'il y ait actuellement en Europe un souverain mieux compris et plus aimé de son peuple (1).

Sous l'impression du sentiment qui dominait tous les cœurs, les Orphéonistes sortant du concert fraternisaient plus cordialement que jamais. — Cette sanction donnée par le chef de l'Etat, et par un si remarquable auditoire, élève l'Orphéon à une hauteur inespérée. Il se fait des échanges de protestation, de poignées de main, d'insignes et de décorations orphéoniques. Encore cette fois, nos compatriotes se voient l'objet des plus amicales avances. On parle d'un festival à Dunkerque pour 1860 ; d'un concours auquel un grand nombre s'engagent à venir dès qu'ils en seront avisés. A ce festival, encore problématique, on prédit un succès certain. Au nom des *Enfants de Lutèce*, M. Gaubert donne les mêmes assurances ; par l'organe de son président, la société de

(4) *Messager de l'Ouest*, de Rennes.

Strasbourg s'engage à venir visiter la cité flamande....

. . . .

Le reste de la journée se passe dans ces échanges de bonnes et affectueuses paroles.

Le lundi, une agréable surprise nous était encore réservée.

On sait que les *Enfants de Lutèce* forment une des plus remarquables associations chorales de Paris. Le premier prix qu'ils ont obtenu au concours du festival le ferait suffisamment connaître. Accompagné de deux collègues, le directeur vint annoncer à M. Louis Manotte que le titre de *membre d'honneur* de cette société lui avait été décerné. Il lui en remit le diplôme et les insignes.

Pareil témoignage de sympathie était accordé aux présidents de l'Orphéon Dunkerquois.

Touchés de ce procédé, les sociétaires présents à cette visite invitèrent M. Gaubert et ses amis à un brillant déjeûner que Philippe improvisa à l'instant.

- Des toasts chaleureux furent portés à M. Delaporte (1) :

(1) Les directeurs des sociétés chorales réunies à Paris ont décidé en principe qu'une marque de reconnaissance serait offerte à M. Delaporte, au moyen d'une souscription ouverte dans toutes les localités ; et l'on s'est arrêté au projet d'offrir à notre chef de musique, une *baguette d'honneur*.

A ce propos, nous demandons à soumettre une observation.

Si les 6,000 Orphéonistes présents au festival souscriraient en moyenne à 25 centimes seulement, on réunirait déjà une somme de 1,500 fr.

Or, comment confectionner, avec ces fonds, une baguette

au succès de son œuvre ; aux *Enfants de Lutèce ;* à
l'Orphéon de Dunkerque.

En cette occasion, M. Gaubert nous déclara de nouveau qu'au premier appel, les sociétés chorales de Paris, et en particulier les *Enfants de Lutèce,* se rendraient
à Dunkerque pour contribuer avec nous, soit à quelque

convenable à un chef d'orchestre, en or ? en platine ? ce
serait bien lourd! En ivoire, en ébène sculpté? ce serait
bien fragile! Garni de pierreries? ce serait bien ridicule !

Il nous est évident que, par ce moyen, on n'atteindra pas
le but auquel on vise.

Que serait-ce si, comme c'est notre conviction, le plus
grand nombre des Orphéonistes qui ont dû rester au pays,
se joignent à leurs camarades ? Donnerait-on à la baguette
les dimensions de l'obélisque ?

Ce qu'il faut, selon nous, c'est un groupe en bronze ou
en argent, représentant la *France* protégeant le *chant choral,* et celui-ci tenant la baguette d'honneur et un cartouche
avec cette inscription (ou toute autre jugée plus convenable) :

A M. DELAPORTE,
LES ORPHÉONS DE FRANCE,
LORS DE LEUR PREMIÈRE RÉUNION
AU PALAIS DE L'INDUSTRIE,
MARS 1859.

La capitale ne manque ni d'artistes ni de fondeurs
pour produire cette œuvre qui serait assortie au sentiment
dont elle est le témoignage.

Complètement étranger à toute spéculation mercantile
dans cette prodigieuse tentative ; trop désinteressé pour
désirer une offrande pécuniaire, que M. Delaporte ait du
moins devers lui un gage de notre affection et de notre
estime. Celui que nous proposons nous semble conforme à
sa destination, digne de lui, digne de nous.

œuvre de bienfaisance, soit à l'éclat de la fête publique dont il a entendu parlerpour 1860.

Il comprit toutefois que la réalisation de cette fête, devenue quasi-obligatoire, ne dépend pas de l'Orphéon, et que celui-ci ne peut que joindre ses vœux à tous ceux qui ont déjà été adressés à l'administration municipale.

C'est dans ces entretiens que se continua l'entrevue.

Mais il fallait songer à des choses plus actuelles.

Quel que fût l'attrait qui les retenait à Paris, plusieurs Orphéonistes n'y pouvaient rester davantage. Quelque désireux qu'ils fussent de procurer aux pauvres le bénéfice du troisième concert autorisé par l'Empereur, il fallait ne pas négliger des devoirs non moins impérieux que ceux de la charité. D'ailleurs, bien des voix avaient perdu leur fraîcheur et se trouvaient hors d'état de fournir un contingent convenable. Un certain nombre de nos chanteurs regagnèrent donc leurs foyers dès le lundi.

D'autres, qui restèrent à Paris, purent, au moyen des concessions faites par le chemin de fer, visiter Versailles, dont on leur ouvrit les jardins et les musées.

Le mardi, tandis que le restant des Dunkerquois reprenait le chemin de leur ville, les directeurs des sociétés chorales, qui avaient pu prolonger leur séjour, se réunissaient sous la direction de M. Delaporte. Ils adoptaient en principe ce point important :

« *Il sera fondé une association générale des sociétés chorales de France.* »

Et de plus, ils convenaient d'étudier les *voies et moyens* afin de pouvoir établir à ce sujet une délibération sérieuse dans une séance qui sera ultérieurement indiquée.

C'était le parti qu'avait conseillé l'Orphéon Dunkerquois.

Il est utile, pensons-nous, de rappeler ce que c'est
que l'association projetée.

Le but de cette association générale est d'activer les
progrès du chant choral ; d'augmenter le nombre des
sociétés; d'établir entre elles des rapports constants d'amitié ; d'exciter une salutaire émulation qui fasse dispa-
raître peu à peu toute rivalité mesquine et sans intérêt
pour l'art ; de les réunir en une haute et sage commu-
nauté d'idées et d'études; d'amener enfin la prééminence
des plaisirs inspirés par l'art.

De plus, et comme corollaire, de créer, pour les
membres des sociétés associées, une caisse de retraite
qui puiserait ses ressources dans une réserve faite sur
le produit des fêtes, concerts, etc.

Dans une autre séance, il fut procédé à la distribu-
tion des médailles obtenues dans les différents concours.
Voici la liste des vainqueurs (1):

Division supérieure. — Sociétés de province. — 1er
prix: Chorale de St-Quentin ; — 2e prix: Orphéon de
Poitiers ; — *Sociétés de Paris*, 1er prix: Enfants de Lutèce ; — 2e prix: Orphéon de Versailles ; — mention
honorable: Neustriens de Caen.

Première division. — Sociétés de province. — 1er

(1) Outre un nouveau festival international convenu pour
1861, on a parlé d'une médaille en bronze qui serait donnée, au nom de l'Empereur, à chacun des Orphéonistes qui
ont chanté dans le Palais de l'Industrie.

Le succès du festival a produit déjà un résultat frappant
on assure que St-Pétersbourg demande à Paris des profes-
seurs de musique populaire.

prix: Enfants du Jura ; — 2ᵉ prix : Chorale de Bourg ; mention honorable : Orphéon de Montpellier. — *Sociétés de Paris.* — 1ᵉʳ prix (hors ligne) : Clémence Isaure, de Toulouse ; — 2ᵉ prix : Enfants de la Belgique, de Paris.

Deuxième division. — Sociétés de province. — 1ᵉʳ prix : Orphéon de Carcassonne ; — 2ᵉ prix : Orphéon d'Agen. — *Sociétés de Paris.* 1ᵉʳ prix (hors ligne) : Orphéon de Cherbourg ; — mention honorable : Tyroliens de Montmartre et Choral de Montmartre.

Troisième division. — 1ʳᵉ *section.* — 1ʳᵉ *subdivision.* — 1ᵉʳ prix : Orphéon de Narbonne ; — 2ᵉ prix : Orphéon de Bayeux ; — 3ᵉ prix : Vénitiens de Bayeux ; — 4ᵉ prix : Association chorale de Valenciennes. — 2ᵉ *subdivision.* — 1ᵉʳ prix : Orphéon de la Réole ; — 2ᵉ prix : Orphéon de Metz ; — 3ᵉ prix : Orphéon de Béziers ; — 4ᵉ prix : Orphéon de Dunkerque ; — 5ᵉ prix, *ex æquo :* Société philharmonique de Dieppe et Enfants d'Apollon d'Angoulême ; — mention honorable : Orphéon de Tours.

Deuxième section. — 1ʳᵉ *subdivision.* — 1ᵉʳ prix : Orphéon de Salins ; — 2ᵉ prix : Cercle choral de Brumath ; — 3ᵉ prix, *ex æquo :* Chorale de St-Macaire et Orphéon de Donnemarie. — 2ᵉ *subdivision.* — 1ᵉʳ prix : Chorale de Seclin ; — 2ᵉ prix : Orphéon de Saint-Jean-de-Losne ; — 3ᵉ prix : Orphéon de Bédarieux.

Troisième section. — 1ʳᵉ *subdivision.* — 1ᵉʳ prix : Orphéon de Plombières ; — 2ᵉ prix : Sainte-Cécile de Coulommiers. — 2ᵉ *subdivision.* — 1ᵉʳ prix : Société de Zimmersheim.

Le soir, 3,600 Orphéonistes assistèrent à la représentation *d'Herculanum,* offerte par l'Empereur.

Quelque temps avant l'ouverture de la salle de l'Opéra, une foule énorme stationnait dans la rue Lepelletier pour entendre et applaudir les chanteurs des départements qui trompaient les ennuis de l'attente en répétant les plus beaux chœurs de leur riche répertoire.

Ils entrent enfin et occupent toutes les places. Le local qui ne contient ordinairement que 17 à 1,800 personnes, en reçut, ce soir-là, le double.

Assurément, l'œuvre de Méry et de David n'aura jamais, dans cette enceinte, un auditoire plus recueilli, plus susceptible d'être impressionné par les beautés qui y sont répandues; il n'en aura du moins jamais un si nombreux (2).

Au lever du rideau, à l'aspect de ce décor grandiose et d'une mise en scène qui n'eut, je crois, jamais d'égale, des salves d'applaudissements spontanés retentirent par toute la salle, et se renouvelèrent avec un enthousiasme formidable à tous les endroits où le style du compositeur, le talent des artistes, la précision des machines provoquaient l'admiration des spectateurs.

Mais il est temps de revenir à Dunkerque, dont nos Orphéonistes se rapprochent à toute vapeur.

Mis en branle à trois reprises, le gros bourdon de la tour avait annoncé à la cité la rentrée des lauréats.

Les membres de la *Fanfare* et ceux des Orphéonistes qui étaient à Dunkerqne se rendent au débarcadère pour y recevoir les arrivants. Cette amicale démarche de la

(2) 5,600 personnes dans un lieu qui n'en contient ordinairement que 1,800 ! 900 hommes et 900 dames !

Il en résulte que 900 dames occupent l'emplacement où peuvent se tenir 2,700 hommes. — Avis au contrôle

Fanfare était la réciprocité de la réception que lui avait faite notre société, lorsqu'au concours de Boulogne la *Fanfare* revint avec le premier prix d'exécution.

Une foule qui croît sans cesse, et que, sans exagération, on peut évaluer à 4 ou 5,000 personnes, bravant la bise piquante, vient aussi au-devant des voyageurs, et se tient aux abords de la gare.

Ils arrivent enfin !

De fraternelles accolades sont données ; d'amicales félicitations échangées ; quelques *speechs* sont prononcés dont le cœur seul fournit le fonds et la forme.

Au sortir des salles d'attente, que M. le chef de gare avait obligeamment mises à notre disposition, un cortége se forme ; la musique de la *Fanfare* ouvre la marche et précède les Orphéonistes ; la foule suit et fait sa partie en jetant des cris de : *Vive la Fanfare! Vive l'Orphéon !* ne séparant ni dans son amitié, ni dans sa louange, les compatriotes qui dans deux genres différents avaient également honoré le nom de Dunkerque.

C'est ainsi que l'on arrive à la Mairie.

Le président présente au maire le directeur et les sociétaires en lui disant :

« Monsieur le maire,

» Dès sa première tentative, l'Orphéon obtient un succès honorable ; nous croyons devoir au magistrat de la cité de lui en donner la nouvelle. Nous croyons aussi que c'est à lui que nous devons offrir nos remerciements à la ville qui nous accueille d'une manière si honorable et si touchante ! »

M. le maire adresse à l'Orphéon quelques paroles de félicitation ; puis le cortége se forme de nouveau ; la foule qui s'était encore grossie suit en saluant alternativement de ses amicales acclamations. On se rend au local, rue David-d'Angers; la façade est illuminée ; le drapeau national et les couleurs dunkerquoises sont arborées. Les cris sympathiques se répètent et se prolongent.

On entre ; de vastes affiches apposées dans la salle font connaître les villes avec lesquelles on s'est mesuré au festival.

Un punch est offert aux membres de la *Fanfare*, auquel le président porte le toast suivant :

« Messieurs, buvons à la *Fanfare*, notre sœur aînée !
» Elle nous a donné l'exemple en marchant la première
» au succès. Nous l'y avons suivie ! Puisse-t-elle être
» contente de nous !

» A l'union de plus en plus intime de la *Fanfare* et
» de *l'Orphéon !* »

Ce toast est accueilli par des bravos ; la soirée se continue au milieu de témoignages d'une confraternité sincère.

Ainsi se termina cette manifestation, qui figurera dans les souvenirs des Orphéonistes, et qui a une si grande importance à quelque point de vue que l'on se place.

III

Maintenant que nous avons, autant que nous l'ont permis nos souvenirs, retracé les principales circonstances du *Festival de Paris*, nous sera-t-il permis de faire une exploration dans l'avenir, et de prévoir quelles seront pour l'art en général, et pour les mœurs nationales en particulier, les conséquences de ce grand fait dont nous avons été les acteurs et les témoins ?

Noùs disons ce *grand fait,* parce que, à nos yeux, le festival de Paris a ce caractère.

Et d'abord, un premier point :

Accusée de ne pas aimer la musique, la France, par la voix de ses 6,000 Orphéonistes, a répondu à ses détracteurs.

Ensuite, le chant choral est devenu une institution nationale. On n'a plus à craindre que l'art ne vienne à s'égarer dans des directions hasardées ou incertaines. Il peut recevoir, il recevra, au temps voulu, une forte, une salutaire impulsion vers le progrès.

Un agent nouveau pénètre les masses et peut aider à leur moralisation ; il y amènera, il faut l'espérer, la prééminence des jouissances artistiques et intellectuelles.

N'est-ce donc rien que cela ?

Je sais qu'il est des esprits affligés de strabisme et qui ne voient rien à sa vraie place. Ce *grand fait,* ils ne l'aperçoivent pas ! Comment le festival serait-il une magnifique démonstration ? Les Parisiens ne sont même pas venus les attendre au débarcadère ! — Comment ce prétendu fait ouvrirait-il à l'art choral une ère de progrès ? — On n'a pas même su leur procurer un logement *gratis ! !*

Et si vous ne tenez pas compte de ces paroles échappées à l'humeur, nous vous citerons des choses imprimées :

« Je sors du festival, écrit un de ces esprits malen-
» contreux (1), effet relativement maigre ; organisation
» déplorablement imprévoyante ; — sans les instru-
» ments, orgue, fanfare et quinze contrebasses, on au-

(1) Feuille de *Darnetal* (Seine-Inférieure).

» rait eu peu d'agrément (les chœurs s'entend). Le
» quart d'heure de Rabelais s'annonce comme difficile!»

Ne parlez pas à ces gens-là du désintéressement de
M. Delaporte ; car enfin, s'il n'a pas encaissé le produit
net de la recette, toujours est-il que l'entrepreneur, M.
N......, en a fait son profit! Et quant à eux, ils vous diront — à un centime près — ce que leur a coûté ce
voyage !

Vous voyez donc bien!!!

Maintenant que vous n'êtes pas de leur avis, passons !

Quand Wilhem, cet estimable initiateur, inventa le
mot *Orphéon* pour désigner nos sociétés chorales, il ne
se doutait pas du succès prochain réservé à cette institution.

Il avait obtenu que l'enseignement du chant fût obli-
gatoire dans toutes les écoles de France : c'était une
bonne et utile préparation ; mais il y a loin de ces premières tentatives à ce que l'on a pu voir et entendre au
Palais de l'Industrie !

En nous tenant en garde contre l'optimisme de l'enthousiasme, ne pouvons-nous admettre que, dans une
certaine mesure, l'institution orphéonique est appelée à
opérer un progrès réel dans plusieurs des voies de notre
société actuelle?

L'affirmative nous paraît certaine, et le lecteur en
demeurera d'accord s'il veut prendre la peine de faire
avec nous quelques considérations.

La musique, qui est aujourd'hui le *plaisir* de tous,
peut en devenir le *conseil* et le *guide*.

Que faut-il pour cela ?

Il faut que le génie musical n'attache ses joyaux qu'à

de nobles poésies ; à des pensées venant du ciel et nous
y appelant.

> « Le talent vient du ciel, c'est là qu'est sa patrie,
> » Et c'est là qu'il doit retourner ! »

Il faut que l'Orphéon se fasse un répertoire d'où soit
bannie la chanson grivoise aussi bien que les doctrines
vides et prétentieuses qui, de nos jours, demandent à
dominer. Il faut que ce répertoire n'ait à craindre
l'examen ni des amis ni des ennemis ; il faut qu'il tende
véritablement au PROGRÈS.

Nous avons inscrit ce mot sur notre bannière; il faut
l'y justifier ! Il faut donc établir bien clairement ce que
c'est que le *progrès !*

Aux efforts tentés jusqu'ici, nous donnons bien volon-
tiers acte de leurs bonnes intentions ; mais tout cela ne
peut être compté que comme les premières assises du
monument à ériger; pour être apôtre de l'art ou mission-
naire du progrès, il ne suffit pas vraiment d'avoir jeté
sur le papier quelques rimes ou quelques accords ! la
chose est plus sérieuse et plus difficile !

A vous qui vous croyez appelé dans cette sainte car-
rière, je viens montrer de loin un des rochers qu'il
faudrait soulever pour continuer votre route.

Aux deux extrémités de l'échelle sociale, deux causes
contraires démoralisent l'humanité. En haut, la cupidité
qui absorbe et étouffe peu à peu tous les autres sentiments, et, au bas, la misère qui les dégrade ou les égare.
Supposons l'institution Orphéonique sagement conduite,
s'interposant entre ces deux extrêmes, et faisant comprendre, aux uns, qu'il y a des jouissances plus réelles ,
plus nobles que celle d'amasser des écus ! — Aux au-

tres, que la haine et l'envie sont les ennemis naturels du bonheur, montrant à tous que le goût des choses de l'art et de l'intelligence est un territoire mixte, accessible à chacun ; une situation qui honore également quiconque s'y établit et s'y maintient... Est-ce que les éléments sociaux, aujourd'hui en antagonisme, ne seront pas calmés, rapprochés, disposés à une fraternelle conciliation, à une concorde objet de tant de vœux !

Or, les Orphéons sont appelés, selon-nous, à cette intervention éminemment désirable et salutaire.

Le chant est si naturellement uni à la prière, que bien petit est le nombre de ceux qui prient sans chanter. — La réciproque ne pourrait-elle, en une certaine mesure, être obtenue ?

Nous ne sommes pas de ceux qui pensent que l'art est appelé à remplacer la religion. Pareille spéculation n'est ni chrétienne ni même sensée ; mais la musique chorale ne peut-elle être pour l'enseignement moral ou religieux un auxiliaire utile et désirable ?

Voyez déjà ? n'est-ce rien que de trouver en tant de localités un si grand nombre d'hommes, dont plusieurs étaient restés étrangers à toute culture intellectuelle, s'initier à l'étude de l'art musical ? s'imprégner des pensées sévères ou gracieuses de Mozart, Marcello, Meyerbeer et autres maîtres ?

Qui ne sait que les plaisirs délicats de la musique sont en opposition naturelle avec les grossièretés de l'ivrognerie ou les ignominies de la débauche ? L'adoption de l'une entraîne peu à peu l'exclusion de l'autre.

Et à ce propos, nous aimons à citer une parole qui fait autorité et qui va bien plus loin que nous :

« La bière, dit M. Luchet (1), l'eau-de-vie, le vin du
» comptoir éraillent, déchirent, défont l'instrument hu-
» main ; le tabac en atrophie les parois et les cordes.
» La pipe et le chant s'excluent. Messieurs les Orphéo-
» nistes parisiens, si volontaires, si railleurs, vous avez
» beau dire et vous moquer de votre maître et de nous,
» on ne fait pas de ces mariages-là ; et il faudra bien
» que vous choisissiez, un jour, entre ce qui élève et ce
» qui abrutit. »

Si l'on trouvait qu'à propos de musique, nous por-
tons bien loin nos prévisions, nous invoquerions non
plus une opinion, mais un *fait*.

Certain cabaretier, de je ne sais quel village de l'Al-
sace, voyant que depuis l'institution d'un Orphéon dans
la commune, sa taverne demeurait déserte, ne trouva
rien de mieux à faire que de demander au conseil mu-
nicipal la suppression de la société chorale, vu que
depuis qu'elle était établie, *il ne faisait plus rien !*

Si des hauteurs religieuses et morales, nous descen-
dons aux choses simplement utiles ou usuelles, nous
voyons encore l'application prochaine de l'institution
orphéonique.

La franc-maçonnerie a fait son temps ; elle achève
de s'éteindre ; ses prétendus mystères ont perdu leur
prestige et ne sont plus de saison. Elle avait, dit-on, un
côté pratique ? Pourquoi l'Orphéon, ce tronc jeune et
vigoureux, ne remplacerait-il pas cette souche épuisée ?
Pourquoi ces sociétés, qui vont se multiplier et se
constituer dans les moindres villages, ne tenteraient-
lles pas de concerter les moyens d'exercer le patronage

(1) Le *Siècle.*

envers les nouveaux venus qui leur seraient envoyés ? de pratiquer envers eux la charité, l'assistance ? Quant à nous, il nous semble très-raisonnable d'espérer que les membres des associations musicales, forcés de changer de résidence, trouveront tout naturellement leur place dans la localité nouvelle, au sein de ces réunions qui n'ont rien à dérober aux rayons du soleil ; rien à cacher aux regards de la police.

Ce moyen d'utiliser les sociétés chorales est plus immédiatement utile que la caisse de retraite elle-même, qui remet à vingt ou trente années la réalisation des espérances qu'elle fait concevoir ; espérances précieuses et qu'il faut d'ailleurs s'empresser d'assurer.

Autre considération :

Lorsqu'on parcourt la France, on est désagréablement impressionné de la différence qu'on remarque entre la prononciation de certains quartiers. L'articulation des Provençaux et celle des Alsaciens sont deux termes entre lesquels on peut en insérer beaucoup d'autres. La platitude écœurante de certains patois, l'étrange psalmodie de certains autres laissent à peine soupçonner que ce soit, des deux côtés, du français.

Comment parviendra-t-on à obtenir que les habitants de la France parlent tous le même français ?

On serait peut être embarrassé de trouver la solution du problème, si l'institution de l'Orphéon ne la faisait entrevoir.

Dans l'exécution des chœurs entendus au Palais de l'Industrie, nous avons senti que déjà les principales aspérités s'étaient émoussées. La variété des accents, la différence des articulations, tend évidemment à s'amoindrir. Elle pourrait donc, un jour, disparaitre. On s'est appliqué à parler français en allant chanter des poésies françaises dans la capitale de la France ; le premier pas est fait... Suivez ! suivez ! ! et l'on arrivera.

En parlant comme nous le faisons des résultats possibles de l'Orphéon, nous n'ignorons pas les doléances que l'on a faites sur l'envahissement de la musique qui, dit-on, s'introduit partout, tend à remplacer la lecture et même la conversation. En supposant que la conversation, telle qu'il nous a été donné de la connaître jusqu'ici, fût effectivement menacée, nous ne saurions, nous émouvoir beaucoup.

On dit que l'effet vague et indéterminé de la musique habitue l'âme à une douceur qui l'énerve, et qui, en la berçant chaque jour, bannit peu à peu toute énergie, toute précision dans les pensées, dans les doctrines, dans la volonté ; qui surtout tend à détruire la netteté, le caractère de notre esprit national et de notre langue.

Mais ce mal serait l'abus de la musique. Or, cet abus n'est ni dans nos vœux, ni dans notre programme, et nous n'avons pas à nous préoccuper des conséquences d'un état de choses que nous sommes les premiers à proscrire.

Contenue dans les limites convenables, limites qu'il faut poser à toute chose, même à la meilleure, l'art musical est bien certainement un véhicule de la civilisation ; n'est-ce pas assez pour qu'on ne le repousse pas sans l'entendre ?

Car, en définitive, s'il n'a pas ces formes anguleuses contre lesquelles on se blesse aisément, faut-il nous en plaindre ? Dans un chemin qui aboutit à la conciliation et à la concorde, gardons-nous d'élever des barricades.

On pourrait sans doute étendre ces diverses considéra-tions ; mais ce que nous en avons dit suffira à notre dessein.

Pour ce qui concerne l'Orphéon Dunkerquois, à l'appui de notre théorie, nous apportons un document qui sera accueilli, pensons-nous, avec l'intérêt qu'il mérite ; c'est le résumé de ses actes depuis deux ans à peine qu'il a pris naissance.

Vᵗᵒʳ DERODE.

———

TABLEAU DES FAITS ACCOMPLIS PAR LES ORPHÉONISTES DUNKERQUOIS, DU 1ᵉʳ AOUT 1857, DATE DE LA FONDATION DE L'ORPHÉON, AU 1ᵉʳ AVRIL 1859.

Mercredi 5 *Août* 1857 (salle de l'Orphéon). Séance au bénéfice de Mlle Julia Haussemburg, artiste âgée de 8 ans. Chœurs exécutés : *Minuit* et *le Guet*, Ed. d'In-grande. — Produit d'une souscription à 50 cent. par sociétaire : 40 fr.

Samedi 17 *Octobre* (Salle Ste-Cécile). Concert d'inau-guration au profit des enfants des salles d'asile. Chœurs exécutés : *Hymne à la France*, Ch. Gounod ; Prière et chœur de la *Muette de Portici*, Auber ; *la Chapelle*, Becker ; *la Retraite*, L. de Rillé. — Les souscriptions se sont élevées à 529 fr. 50 c.; les frais ont été de 465 fr. 95 c. Aux 63 fr. 55 c. produit net de ce con-cert, la Société a ajouté de sa caisse une somme de 136 fr. 45 c. pour compléter celle de 200 fr. qui a été remise aux dames patronesses des salles d'asile.

Samedi 21 *Novembre* (église St-Jean-Baptiste). Fête Ste-Cécile : achèvement du dallage de l'église. Chœurs exécutés; *Kyrie* et *Gloria*, Ch. Gounod; *Credo*, **A. Thomas**; *Sanctus* et *O Salutaris*, Ch. Gounod; *Agnus Dei*, F. Halévy. — « Les deux dames quêteuses, Mmes
» **A. F.** et **L. V.**, ont trouvé partout des mains charita-
» bles tendues vers elles, et elles ont pu remettre une
» somme de 205 fr. à M. le curé de St-Jean. Notre
» vénérable doyen, à la fin de la messe, a remercié avec
» ce cœur aimant et paternel que tous lui connaissent,
» MM. les Orphéonistes ». (Journal *l'Autorité* du 24 Novembre 1857).

Samedi 21 *Novembre* (salle Ste-Cécile). Banquet de la Ste-Cécile. Chœurs exécutés : *Toast*, F. Laur ; *Jaguarita*, F. Halévy.

Samedi 19 *Décembre* (salle Ste-Cécile). 2ᵉ concert, au bénéfice de M. Barthélemy, 1ᵉʳ hautbois de l'Académie impériale de musique. Chœurs exécutés: *Prière du Comte Ory*, Rossini; *Départ du régiment*, L. de Rillé; *la Retraite* (redemandée), L. de Rillé; *le Combat naval*, **A. de St-Julien**. Produit: 1,030 fr. — Dans ce concert ont brillé, à côté de M. Barthélemy, Mlle Dobré, de l'Opéra, et M. Archaimbault, pour le chant; M. Demersseman, 1ᵉʳ prix du Conservatoire (flûte) ; M. Lasserre, id. (violoncelle), et M. Barthe, accompagnateur, 1ᵉʳ grand prix de Rome.

Samedi 26 *Décembre* (église St Eloi). Funérailles de **M. Dubreu**, ancien professeur de l'ex-école communale de musique, membre honoraire de l'Orphéon. Chœurs exécutés: *Kyrie* et *Sanctus*, Ch. Gounod; *O Salutaris*, Beethoven; *Agnus Dei*, F. Halévy. — « La lecture du
» procès-verbal de la séance du 4 Août est interrompue

» par de frénétiques applaudissements, lorsque, parmi
» les artistes admis dans cette séance comme membres
» honoraires, le secrétaire nomme en première ligne
» M. Dubreu, professeur de musique, présent à la
» séance. Nous sommes heureux d'enregistrer ce témoi-
» gnage de gratitude et de reconnaissance d'anciens
» élèves envers leur professeur, ces marques de sym-
» pathie d'une société musicale envers un artiste qui a
» fortement contribué au développement de l'art musi-
» cal à Dunkerque ». (Extrait du procès-verbal de la
séance du 29 Août 1857).

Lundi 4 *Janvier* 1858 (grande salle de la mairie de
Bergues). Concert au bénéfice de **M**. Ch. Delarroqua,
ancien musicien. Chœurs exécutés : *Hymne à la France,*
Ch. Gounod ; *la Chapelle,* Becker ; Prière du *Comte
Ory,* Rossini ; *le Jeune Conscrit,* Kücken ; *le Départ du
régiment,* L. de Rillé ; *la Retraite.* id.—Produit, 211 fr.

Samedi 13 *Février* (théâtre de Dunkerque). Distri-
bution des médailles de Ste-Hélène. Chœurs exécutés :
Honneur aux braves, cantate dédiée par l'Orphéon aux
médaillés de Ste-Hélène ; *Vive l'Empereur!* chant national, paroles de Lefranc, musique de Ch. Gounod. —
Les paroles de la cantate *Honneur aux braves* ont été
composées par M. Alph. Claeys, membre de l'Orphéon,
sur la musique du chœur des *Francs Archers.*

Mardi 16 *Mars* (salle de l'Orphéon). Souscription en
faveur de la veuve D., expulsée le même jour de son
domicile, avec sept enfants en bas-âge, pour non paie-
ment de son loyer. — Produit, 44 fr.

Mardi 6 *Avril* (église St-Jean-Baptiste). Messe chantée à l'occasion du mariage de M. Ed. D., membre de
la section chorale. Chœurs exécutés: *Kyrie,* Ch. Gou-

nod ; *Ave Maria*, L. Manotte ; *Sanctus* et *O Salutaris*, Ch. Gounod ; *Agnus Dei*, F. Halévy ; *l'Espérance*, Ch. Weber.

Samedi 10 *Avril* (salle de l'Orphéon). Soirée musicale au bénéfice de Mlle Emilietta de S., pianiste, âgée de 5 ans. Chœurs exécutés : *le Jeune Conscrit*, Kücken ; *les Moissonneurs*, Ch. Lecorbeiller ; *le Départ du régiment*, L. de Rillé. — Produit, 75 fr.

Mercredi 5 *Mai* (salle de l'Orphéon). Soirée musicale au bénéfice de M. et Mme Génovèse, artistes italiens.— Produit, 37 fr.

Lundi 24 *Mai* (église St-Martin, basse-ville). Fête de la Pentecôte : fondation d'une bibliothèque paroissiale. Chœurs exécutés : *Kyrie* et *Gloria*, Ch. Gounod ; *Credo*, A. Thomas ; *Sanctus*, Ch. Gounod ; *O Salutaris*, Beethoven ; *Agnus Dei*, F. Halévy ; *l'Espérance*, C. Weber. — Produit de la quête, 143 fr. 99 c. Cette somme élevée, eu égard à l'exiguité de l'église, a été remise à M. le curé de St-Martin par Mmes E. V. et Q., quêteuses.

18 *Mai*-1er *Juin* (salle de l'Orphéon). Souscription en faveur de la veuve du capitaine Dany (Naufrage de la *Moscowa*). — Produit, 91 fr.

Vendredi 18 *Juin* (église St-Jean-Baptiste). Funérailles de M. Noël Leblond, secrétaire de la section chorale, décédé le 15 Juin 1858. Chœurs exécutés : *Kyrie* et *Sanctus*, Ch. Gounod ; *De Profundis*, Mozart.

Dimanche 11 *Juillet* (église St-Jean-Baptiste). Messe chantée par les Orphéonistes en mémoire de M. Albert François, président de l'Orphéon, décédé le 22 Juin 1858. Chœurs exécutés : *Kyrie*, L. de Rillé ; *Sanctus*, F. Halévy ; *Agnus Dei*, L. de Rillé ; *De Profundis*, Mozart.

Juillet-14 *Août* (local de l'Orphéon). Souscriptioń Lamartine. — Produit, 53 fr.

Mercredi 11 *Août* (quai de la Citadelle, demeure de M. Gaspard Malo). Sérénade à M. Gaspad Malo, élu président de l'Orphéon le 8 Août 1858. Chœurs exécutés: *Sérénade*, L. de Rillé; *la Retraite*, id.; *le Départ du régiment*, id.; *Hymne à la France*, Ch. Gounod.

Samedi 14 *Août* (rue du Quai, devant la demeure de M. Victor Derode). Sérénade à M. Victor Derode, réélu président de la section chorale et vice-président de l'Orphéon le 8 Août 1858. Chœurs exécutés: *Chanson d'Avril*, L. de Rillé; *les Moissonneurs*, Ch. Lecorbeiller; *le Jeune conscrit*, Kücken; *le Départ du régiment*, L. de Rillé.

Dimanche 11 *Août* (théâtre de Dunkerque). Fête de l'Empereur. Chœurs exécutés: *Hymne à la France*, Ch. Gounod; *la Retraite*, L. de Rillé; *les Moissonneurs*, Ch. Lecorbeiller; *Vive l'Empereur!* Ch. Gounod.

MAIRIE DE DUNKERQUE, N° 1198, 16 Août 1858. Je me fais un plaisir de féliciter MM. les Orphéonistes dunkerquois du talent remarquable qu'ils ont déployé au spectacle, dans la grande soirée publique donnée avec leur concours à l'occasion de la fête nationale du 15 Août. Le nombreux auditoire qui s'est pressé dans la salle pour jouir du présent qui lui était fait, a couvert d'applaudissements la voix des chanteurs, et c'était reconnaître et apprécier à la fois l'heureuse idée d'embellir la fête de l'Empereur et l'excellente exécution des morceaux si bien choisis pour la circonstance. Vous avez mérité et obtenu des éloges unanimes; encore une fois je vous en adresse de cœur mon compliment à vous ous MM. les Orphéonistes qui unissez au charme de

l'harmonie, le désir d'être agréables à vos concitoyens.
Veuillez, Monsieur, être l'organe de mes sentiments
auprès de l'honorable société que vous présidez, et la
remercier vivement pour moi de ce qu'elle a bien voulu
faire pour ajouter au programme de la solennité.

Agréez, Monsieur, etc.   Le maire. (Signé), MOLLET.

Mardi 24 *Août* (rue du Lion-d'Or, devant la demeure
de M. Louis Manotte). Sérénade à M. Louis Manotte,
chef des chœurs, à l'occasion de sa fête. Chœurs exécutés : *Sérénade*, L. de Rillé ; *les Moissonneurs*, Ch. Lecorbeiller ; *le Départ du régiment*, L. de Rillé.

Une médaille d'un grand module a, en même temps,
été remise à l'habile directeur comme gage de la pro-
fonde gratitude et de l'amitié que professe pour lui la
section chorale. (Journal *l'Autorité* du 26 Août 1858).

Dimanche 29 *Août* (Wormhout, église). Fête de bienfaisance pour la fondation d'un hospice et d'une salle
d'asile. Chœurs exécutés : *Kyrie*, L. de Rillé ; *Sanctus*,
Halévy ; *O Salutaris*, L. de Rillé ; *Agnus Dei*, id. ;
l'Espérance, Weber. — Produit, 224 fr.

(Wormhout, grand'place, estrade). Festival de musique. Chœurs exécutés : *les Moissonneurs*, Ch. Lecorbeiller ; *le Départ du régiment*, L. de Rillé ; *Vive l'Empereur !* Ch. Gounod. — Produit, 400 fr.

(Wormhout, demeure de M. le Maire). Sérénade à
M. le Maire. Chœurs exécutés : *Chœur des Chasseurs*.
(Songe d'une nuit d'été), A. Thomas ; *la Retraite*, L. de
Rillé.

(Wormhout, demeure de M. de Bavay, percepteur).
Sérénade à M. de Bavay, organisateur de la fête.
Chœurs exécutés : *Sérénade*, L. de Rillé ; *le Jeune
conscrit*, Kücken.

Wormhout, le 22 Septembre 1858.

Monsieur, en réponse à votre lettre en date du 21 courant, j'ai l'honneur de vous marquer le chiffre réel du produit de la quête faite dans l'église de Wormhout pendant la messe que MM. les Orphéonistes dunkerquois ont bien voulu chanter le dimanche 29 Août dernier, à l'occasion de la fête de bienfaisance de la commune. Cette quête a produit 224 fr. Ce résultat nous paraît assez satisfaisant : les habitants savaient qu'une autre quête devait se faire à domicile pendant l'exécution des cantates qui ont enlevé tous les suffrages et mérité les plus chaleureux applaudissements; ils ont dû se réserver pour cette seconde quête qui a produit 400 et quelques francs. La journée, grâce à votre généreux concours, a été assez productive; aussi, c'est avec un profond sentiment de reconnaissance que je vous prie de recevoir et d'accepter de nouveau mes remerciements pour tout ce que vous avez bien voulu faire en faveur d'un établissement qui procurera à la vieillesse un asile pour terminer la vie en paix. . . . .

(Signé), CAILLIE, doyen-curé de Wormhout.

Jeudi 2 Septembre (local de l'Orphéon). Soirée musicale au bénéfice de M. Gariboldi, artiste italien). Chœurs exécutés): *Chanson d'Avril*, L. de Rillé ; *Chœur des chasseurs*, A. Thomas; *la Printannière*, O. Comettant. — Produit, 102 fr.

Jeudi 16 Septembre (salle Ste-Cécile). 3e concert au bénéfice de MM. A. et E. Bollaert de Dunkerque, élèves du Conservatoire de musique religieuse. Chœurs exécutés : *les Francs archers*, A. Placet; *la Chapelle*, Becker; *la Printannière*, O. Comettant. — Produit, 725 fr.

Vendredi 17 Septemtre (local de l'Orphéon). Soirée

musicale improvisée au bénéfice de Mlle Zoé Lecocq, âgée de 17 ans, aveugle de naissance, pianiste, chanteuse et accordéoniste). — Produit, 38 fr.

Dimanche 17 *Octobre* (église St-Jean-Baptiste). Salut chanté pour l'inauguration d'une statue de la Vierge : Chœurs exécutés : *O Salutaris*. L. de Rillé; *Ave Maria*, L. Manotte; *l'Espérance*, Weber.—Produit, 99 fr. 11 c.

Samedi 6 *Novembre* (salle Ste-Cécile). 4ᵉ concert au bénéfice de M. Ferdinand Lavainne fils, pianiste, avec le concours de M. et Mme Arnold, chanteurs, de Lille. Chœurs exécutés : *Honneur, Travail et Dieu*, Edm. d'Ingrande; *le Départ des compagnons*, L. de Rillé ; *les Moissonneurs*, Ch. Lecorbeiller.

Lundi 15 *Novembre* (théâtre de Dunkerque). Soirée musicale et dramatique donnée par la Fanfare, avec le concours de la Société Dramatique et de l'Orphéon, au profit des familles des marins qui ont péri à Islande en 1858. Chœurs exécutés : *le Départ des compagnons*, L. de Rillé; *Gais musiciens*, Kücken; *Chœur des chasseurs*, A. Thomas. — Produit, 131 fr. 78 c.

MAIRIE DE DUNKERQUE, 23 Novembre 1858.

Monsieur, je reçois à l'instant de M. le Président de la Fanfare la somme de 395 fr. 35 c., produit de la soirée donnée à la salle de spectacle le 15 Novembre courant, par cette Société, avec le concours de la vôtre et de la Dramatique, au profit des familles des marins qui ont péri à Islande en 1858; aussi, n'ai je rien tant à cœur, Monsieur, que de vous prier d'agréer pour vous même et pour la Société que vous présidez, l'expression de mes remerciements et de ma reconnaissance pour la part que vous avez prise spontanément dans l'accomplissement d'une bonne œuvre qui, j'aime à vous le dire, a été pour MM. les membres de l'Orphéon l'occasion nouvelle d'un beau et légitime succès.

Recevez, etc.

Le maire. (Signé), MOLLET.

Dimanche 28 *Novembre* (église St-Jean-Baptiste). Fête de Ste-Cécile : Messe complète de L. de Rillé; *l'Espérance,* Weber. — Produit, 140 fr. 86 c.

Samedi 18 *Décembre* (salle Ste-Cécile). 5ᵉ concert au bénéfice de MM. Jules Demersseman, d'Hondschoote, 1ᵉʳ prix de flûte du Conservatoire et flûte-solo des concerts de Paris, et Barthelemy, de St-Omer, 1ᵉʳ prix de hautbois du Conservatoire, et 1ᵉʳ hautbois de l'Opéra et de la chapelle de l'Empereur. — Produit, 704 fr.

Dans ce concert, on a entendu également Mlle Dobré, de l'Opéra; M. Lapret, 1ᵉʳ prix de violon du Conservatoire et violon solo des concerts de Paris, et MM. Castel, chanteur comique, et Mangin, pianiste accompagnateur, de Paris.

Dimanche 16 *Janvier* 1859 (local de l'Orphéon). Séance d'inauguration d'un cours public et gratuit de musique vocale pour les adultes. Chœurs exécutés: *Départ des compagnons,* L. de Rillé ; *Gais musiciens,* Kücken.

Ce cours est fondé pour 3 ans, au moyen des souscriptions généreuses de 75 membres de l'Orphéon, s'élevant ensemble à 3,940 fr.

Dimanche 6 *Février* (Bourbourg, hôtel de ville). Fête de Bienfaisance. Chœurs exécutés: *Départ des compagnons,* L. de Rillé; *Prière et chœur de la Muette,* Auber; *Chœur des buveurs,* L. de Rillé; *Gais musiciens,* Kücken; *les Moissonneurs,* Ch. Lecorbeiller; *la Retraite,*

L. de Rillé; *Départ du régiment*, id.; *Vive l'Empereur!*
Ch. Gounod. — Produit, 800 fr.

Dimanche 20 *Février* (local de l'Orphéon). Soirée
musicale au bénéfice de la famille Husch, artistes belges.
— Produit, 35 fr.

Vendredi 18 *et Dimanche* 20 *Mars* (Festival des
Orphéonistes de France; 6,000 chanteurs). Chœurs
exécutés: *Veni Creator*, Bezozzi; *le Départ des chasseurs*, Mendelssohn; *Chœur des prêtres* (Mystères
d'Isis), Mozart; *le Jour du Seigneur*, Kreutzer; *le
Septuor des Huguenots*, Meyerbeer; *Fragment du XIX
psaume*, Marcello; *la Marche des Orphéons*, Mlle Nicolo;
la Retraite, L. de Rillé; *les Génies de la terre*, S.
David; *Cimbres et Teutons*, L. Lacombe; *le Chant des
montagnards*, Kücken.

Samedi 19 *Mars* (Paris, salle Barthélemy). Concours
des Orphéonistes de France. Chœurs exécutés: *les
Génies de la terre* (chœur imposé), S. David; *les
Moissonneurs* (chœur facultatif), Ch. Lecorbeiller.

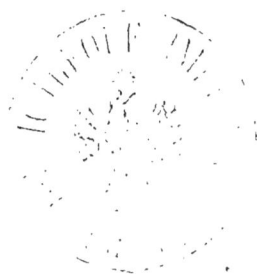

Dunkerque.—Typ. Benjamin Kien, rue Nationale, 22.

www.ingramcontent.com/pod-product-compliance
Lightning Source LLC
Chambersburg PA
CBHW070910210326
41521CB00010B/2124